中国少年儿童科学普及阅读文库

探索·科学百科 ™

中阶

考古与文明的苏醒

[澳]凯瑟琳·斯蒂尔⊙著

谢恩平(学乐·译言)⊙译

中国少年儿童科学普及阅读文库
TANSUO
KEXUEBAIKE
★★★★★
2级C2
探索·科学百科

DISCOVERY
EDUCATION ™

全国优秀出版社
全国百佳图书出版单位
广东教育出版社
学乐

广东省版权局著作权合同登记号

图字：19-2011-097号

图书在版编目（CIP）数据

Discovery Education探索·科学百科. 中阶. 2级. C2，考古与文明的苏醒/ [澳]凯瑟琳·斯蒂尔著；谢恩平（学乐·译言）译. — 广州：广东教育出版社，2014.1

（中国少年儿童科学普及阅读文库）

ISBN 978-7-5406-9310-7

Ⅰ.①D… Ⅱ.①凯… ②谢… Ⅲ.①科学知识—科普读物 ②考古发现—世界—少儿读物 Ⅳ.①Z228.1 ②K86-49

中国版本图书馆CIP数据核字(2012)第153071号

Discovery Education探索·科学百科（中阶）
2级C2 考古与文明的苏醒

著 [澳]凯瑟琳·斯蒂尔   译 谢恩平（学乐·译言）

责任编辑 张宏宇 李 玲 丘雪莹   **助理编辑** 蔡利超 于银丽   **装帧设计** 李开福 袁 尹

出版 广东教育出版社

地址：广州市环市东路472号12-15楼   邮编：510075   网址：http://www.gjs.cn

经销 广东新华发行集团股份有限公司   **印刷** 北京顺诚彩色印刷有限公司

开本 170毫米×220毫米 16开   **印张** 2   **字数** 25.5千字

版次 2016年5月第1版 第2次印刷   **装别** 平装

ISBN 978-7-5406-9310-7   **定价** 8.00元

内容及质量服务 广东教育出版社 北京综合出版中心

电话 010-68910906 68910806   网址 http://www.scholarjoy.com

质量监督电话 010-68910906 020-87613102   **购书咨询电话** 020-87621848 010-68910906

Discovery Education 探索·科学百科（中阶）

2级C2 考古与文明的苏醒

全国优秀出版社
全国百佳图书出版单位

广东教育出版社 学乐

目录 | Contents

被埋藏的过去

人们会留下他们生活过的痕迹。人们用过的东西被丢弃或不慎丢失，建筑物被遗弃或被摧毁，尸体被埋进坟墓里。随着时间流逝，土壤掩埋了这一切。这一过程不断重演。就这样日复一日，年复一年，逐渐形成了考古遗址。这些遗址可能有几米厚，时间可追溯至几千年前。被埋藏的物品大部分腐烂消亡，但仍有一些物品幸存下来，静待重现于世。考古学家小心翼翼地发掘他们发现的遗址，并对出土物进行分析。他们由此得知曾经居住在这里的人——他们的食物、衣服、家园以及曾经的生活。

工具

简单的铲子和刷子是考古学家最常使用的工具，因为用这些工具可以发掘精致易碎的物品。如今，随着新技术的应用，可使用的工具也增多了。

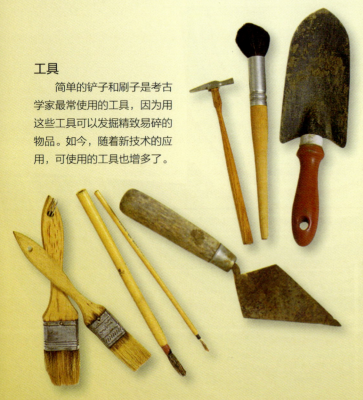

卢浮宫的发掘

在法国巴黎卢浮宫美术馆新馆修建之前，一队考古学家对修建地进行了发掘。他们发现了 700 多年前的数千种文物。

遗址发掘

在考古学创立之初，发掘工作通常缺乏规划，草率行事。当海因里希·施里曼（Heinrich Schliemann）在 19 世纪 70 年代探寻特洛伊古城时，他一路挖到底层的建筑遗址，上层那些至关重要的文物不是遗失就是损坏了。此后，科学的发掘方法逐渐发展起来。发掘前需细心规划，并且要采集土壤样本和其他物质进行分析。发掘过程中，需绘制地图，并记录下出土物较大的特征及其之间的关系。

1.规划方格网

发掘前，考古学家会做一个方格网平面图，并给每一个方格标上序号。

2.划分区域

考古学家通常只选择遗址的部分区域进行发掘。这部分区域用地钉和绳索标示出来。

3.发掘

工作人员在标示区域内进行发掘。他们会留意土层变化以了解遗址是如何形成的。

4.发现文物

一旦发现文物，考古学家便会记录下该位置，并拍照。出土物可能会从遗址移走。

5.保存记录

进行发掘时，考古学家会记录下出土物、土壤和其他细节，以供日后参考。

送入实验室

出土物和样品被送进实验室，不同学科的专家对它们进行研究以获取更多信息。例如，对同一遗址出土的所有陶片进行分类比较。考古学家研究不同类型的陶罐，以了解它们的用途和来源。例如，可能存在从外地引进的陶罐，这说明两地间存在贸易联系；用显微镜研究一块陶片，可能会发现制造该陶片所用的陶土以及这些陶土的产地；对陶罐内的残留物进行化学分析，可以了解该陶罐曾储藏的物品。

1.打开包装

出土物从遗址运送到实验室后，被小心翼翼地取出。实验室通常位于一个博物馆或大学内。

2.分类整理

文物通常按物品类型或其出土遗址的土层进行分类。这是分析的第一步。

3.清理

文物出土后需进行清理，之后才能对其进行研究乃至辨认。

4.编目

所有文物均被贴上识别编号。该编号被录入到一个目录系统中。文物的详细信息被标注在识别编号旁边。

5.分析

通过分析可以了解文物的更多信息。图中的两个考古学家正在研究美国南北战争时期的一个钱包。

远古人类

考古学家已经了解了许多有关我们远古祖先的信息。约 200 万年至 300 万年前，作为灵长目一支的猿人在非洲东南部的茫茫草原上繁衍生息。他们直立行走，从而解放了双手，使其可以拿东西和制造石器。约 230 万年前，一种新的人类出现。他们大脑发达，具有智慧且适应能力强。考古学家普遍认为，现代人类——智人，约 10 万年至 20 万年前进化形成于非洲，并从这里迁徙至全世界。

露西（lucy）

露西是一名女性南方古猿，高约1.1米，生活于约318万年前。

露西遗骨

考古学家在埃塞比亚发现了早期猿人骨骼化石，该骨骼化的完整性约达40%，人们称之为猿人露西

最早的南方古猿
公元前420万年

首次在非洲出现的直立行走类人猿。他们中的一部分可能是现代人的祖先。

手斧
公元前160万年

大型的对称手斧标志着石器工艺的进步。新一代人类迁徙至更远的欧洲。

首次使用火
公元前45.8万年，

在中国周口店发现了被烧过的动物骨骼和石器，表明人类已经能够控制和使用火。

早期雕刻
公元前3.5万年

生活在欧洲的现代人已经开始修建坟墓和制作艺术品。例如用骨头和象牙雕刻动物。

制造工具

约250万年前，在非洲，早期人类已开始使用河床上的鹅卵石制造简单的切割工具。

玛丽·利基（Mary Leakey）

1978年，在坦桑尼亚的利特里，玛丽·利基及其团队发掘出两组形成于360万年前的人类脚印。当时，一个成人和一名儿童从刚刚落下的火山灰上经过。脚印硬化后，被随后落下的更多火山灰封存。这是有关人类直立行走的最早的直接证据。

玛丽·利基与两个
利特里人脚印模型

女性雕像
公元前2.6万年

从法国到俄罗斯都发现了女性雕像。这表明欧洲各种族之间存在广泛的联系。

首次烧制陶器
公元前1.4万年

日本本州绳纹人制造了第一个用火烧制的陶器。这些陶器被用于饮食和储存食物。

首次饲养动物
公元前1万年

在德国和地中海东部，人类开始养狗。人们为了狩猎而驯养狼的时间还要更早。

苏美尔文字
公元前5200年

人类有了第一个文字系统，即楔形文字。这种文字用楔形工具印在湿的陶土上。

早期城市

随着农业的发展，人们在一个季节中所生产的食物渐渐多于生活所需的食物。剩余食物被储存起来或被出售。一些人从事农业生产，而另一些人则从事制陶、纺织、建筑、贸易，乃至战斗。随着定居点的扩大，人们需要一些社会机构来使一切运作顺畅，因此，统治和管理成为了一种专业技能。最大的定居点是城市，城中有大量劳动力，使其得以修建雄伟的建筑、防御工事和道路。

加泰土丘
约公元前6000年，在土耳其坐落着一个大型村落。建筑物密密麻麻地排列在一起。人们通过屋顶进入房间。

埃及
约公元前3500年
农业定居点遍布尼罗河畔。公元前3100年，这里建立起一个统一的王国，统治者为法老。

乌尔
约公元前3000年
这一城墙环绕的城市位于今天的伊拉克境内。城内建有寺庙和宫殿，并有成熟的灌溉系统和商业网络。

克诺索斯
约公元前2500年
城市的统治者居住在宫殿中，他们控制着克里特岛上居民米诺斯人的香料、陶器和纺织品的生产和贸易。

巴比伦
约公元前1700年
这个城市位于幼发拉底河肥沃的冲积平原上，主要从事农业生产，并由此发展成为了一个帝国的中心。

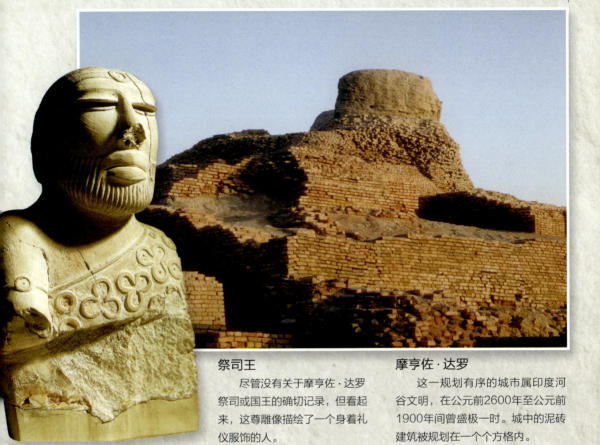

祭司王

　　尽管没有关于摩亨佐·达罗祭司或国王的确切记录，但看起来，这尊雕像描绘了一个身着礼仪服饰的人。

摩亨佐·达罗

　　这一规划有序的城市属印度河谷文明，在公元前2600年至公元前1900年间曾盛极一时。城中的泥砖建筑被规划在一个个方格内。

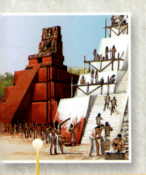

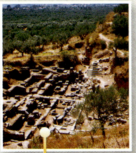

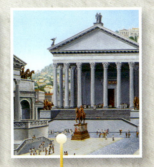

马雅人定居点
约公元前1500年

　　这些城市位于中美洲，建有寺庙和道路系统。他们的食物主要是玉米、其他庄稼，以及饲养的牲畜。

斯巴达
约公元前700年

　　这一希腊城邦的市民们热衷于建立和训练军队，但他们也修建了剧院和庙宇。

罗马
约公元前500年

　　这个城市从一个农业定居点发展成为了罗马帝国的中心。集会广场是政治生活的核心区域。

库斯特
约公元1300年

　　这个南美洲印加帝国的首都建有城墙、石庙、道路和引水渠。它于1533年被西班牙侵略者占领。

寺庙与金字塔

数 千年来，人们修建神庙来供奉他们的神。统治者也修建神庙以供臣民崇拜，如古埃及国王修建的巨型金字塔。神庙里，供奉着神灵以及献给他们的珠宝。人们还可以通过壁画和雕刻来了解宗教教义。考古学家研究寺庙是如何建成的，以此来了解宗教和仪式。他们还协助保护这些古建筑。

埃及吉萨

吉萨的三个金字塔是法老的坟墓。埃及人认为法老是神。这些金字塔是一个庞大的宗教遗址的一部分。

法隆寺

日本奈良的这些佛教寺庙约建成于公元700年。它们是世界上现存的最古老的木质建筑。

**埃及阶梯金字塔
约公元前2750年**

这是为法老左塞尔（Pharaoh Djoser）修建的一系列宗教建筑的一部分。他的信徒认为他将通过这些雄伟的阶梯步入天堂。

**埃及卡纳克神庙群
约公元前1550年**

这一建筑群包括一系列神庙。其中一个神庙敬奉着埃及帝国的神阿蒙（Amman）。

**伊拉克乌尔塔庙
约公元前1323年**

这是一个敬献给月神南纳（Nanna）的神庙。该塔庙的部分建筑于20世纪被重建。

**希腊帕特农神殿
约公元前448年**

希腊雅典的帕特农神殿，供奉着女神雅典娜。殿内装饰着色泽鲜艳的雕塑。

不可思议！

早期日本政府曾数次迁都。迁都时他们都命令将最重要的寺庙拆掉，然后搬到新址重建。

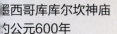

墨西哥库库尔坎神庙
约公元600年

　　玛雅城市奇琴伊察的最大建筑是敬献给蛇神库库尔坎（Kukulkan）的一个阶梯金字塔。

缅甸阿南达寺
约公元1105年

　　这一佛教寺庙至今依然矗立且仍在使用。它位于蒲甘城，由国王江喜陀（Kyanzittha）修建。

柬埔寨吴哥窟
约公元1150年

　　这一宏伟的印度教庙宇由高棉国王苏利耶跋摩二世（Suryavarman II）修建。它是都城的一部分，敬奉着毗湿奴（Vishnu）。

印度热那克普
约公元1438年

　　这个耆那教神庙位于印度西部拉贾斯坦邦一个与世隔绝的山谷里，是当地众多寺庙中的一个。它有24个柱厅和80个圆顶。

坟墓

人类于 3 万年前开始有埋葬尸体的习俗。埋葬通常很简单，尸体被埋进坟墓并放一些财物作为陪葬。但随着社会结构越来越复杂，一部分人拥有了权势，他们的坟墓变得更为华丽，陪葬品有宝石和金属饰品、上等陶瓷、石头或金属器皿等。一些坟墓埋葬了多名死者，为几代人所共用。

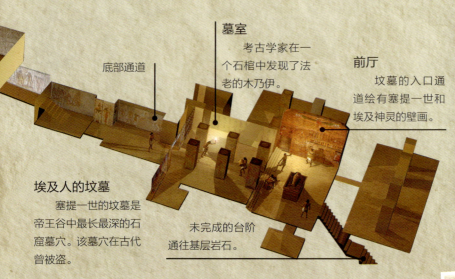

底部通道

墓室
考古学家在一个石棺中发现了法老的木乃伊。

前厅
坟墓的入口通道绘有塞提一世和埃及神灵的壁画。

埃及人的坟墓
塞提一世的坟墓是帝王谷中最长最深的石窟墓穴。该墓穴在古代曾被盗。

未完成的台阶
通往基层岩石。

爱尔兰诺斯墓
约公元前3500年
这一通道式墓穴有两条地下通道，均装饰着石雕。它被一个长95米的土丘所覆盖。

英国石棺
约公元前2300年
该坟墓由花岗石板建成。花岗石板上罩着一块巨石，最外层覆盖着泥土。

希腊圆顶墓
约公元前1500年
迈锡尼人的圆顶墓或称为"蜂窝"形的墓葬是一种石墓，外层覆盖着泥土。经由一个短的通道可进入墓室。

中国兵马俑
约公元前210年
秦始皇陵的土坑中埋藏了成千上万的兵马俑以保卫皇陵。

为来世做好准备

塞提一世（Seti I）于公元前1290～前1279年统治着埃及。他的陵寝中放满了食物、财物和他来世可能会用到的物品。

意大利地下墓窖
约公元100年

意大利的犹太人和早期基督教徒无法购买墓地。他们将死者尸体放在地道的壁龛里。

秘鲁西潘墓
约公元290年

泥砖建成的金字塔下埋葬着莫切人的统治者，他们盛装华服并有侍从殉葬。

英国萨顿胡墓
约公元600年

这是一个建在27米长的船身上的坟墓，埋藏了一些武器和贵金属制成的物品。

印度泰姬陵
约公元1630年

印度莫卧儿王国国王沙贾汗为他的妻子修建了这座陵墓。该陵墓用白色大理石建成，花了22年才得以完工。

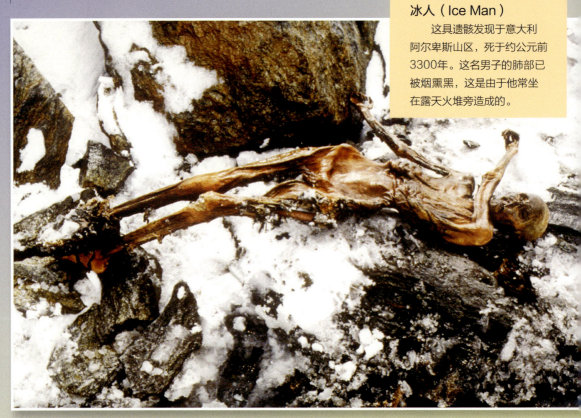

冰人（Ice Man）
　　这具遗骸发现于意大利阿尔卑斯山区，死于约公元前3300年。这名男子的肺部已被烟熏黑，这是由于他常坐在露天火堆旁造成的。

被掩埋的尸体

远古时代遗留下来的人类遗骸，在土壤中掩埋了数世纪之久，当考古学家发现他们时，通常只有骨头保存了下来。精于分析骨头的考古学家可以据此推断出这具遗骸的性别、他们的年龄，以及他们遭受的伤害和疾病。有时，在极端干旱、潮湿或寒冷的埋葬环境下，死者的皮肤、头发、器官甚至胃里的留存物也保存了下来。衣服和木质工具也能幸存至今。这些保存下来的人类身体就像时间密封舱，让我们得以更多地了解当时人类的生活。

纽文森人
（Neu Versen Man）
　　这个红发男人的一根锁骨骨折。他死于公元200~430年，被发现于德国的一个沼泽地。

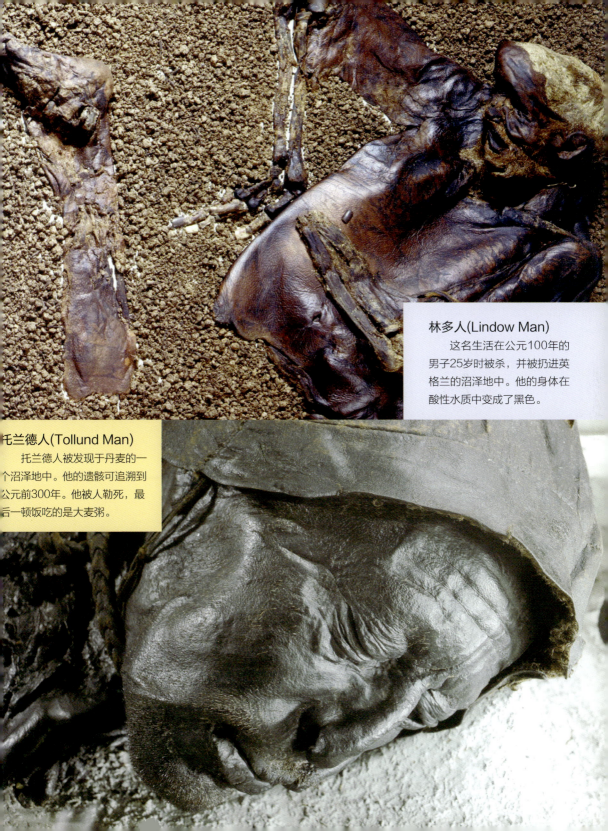

林多人(Lindow Man)
　　这名生活在公元100年的男子25岁时被杀，并被扔进英格兰的沼泽地中。他的身体在酸性水质中变成了黑色。

托兰德人(Tollund Man)
　　托兰德人被发现于丹麦的一个沼泽地中。他的遗骸可追溯到公元前300年。他被人勒死，最后一顿饭吃的是大麦粥。

水下考古学

许多考古遗址都发现于水下。数千年来，船在湖泊、河流和大海中沉没。许多港口和沿海地区被水淹没。一些水下环境比陆地更易保存有机物质——至少在物质暴露在阳光下之前是如此。因此，水下遗址中保存有木质品、衣服、植物等在陆地通常很难保存下来的物品。随着潜水装备的改进，尤其是 20 世纪 50 年代水肺方法的发明，考古学家得以接近这些独特的遗址。

瓦解

随着时间流逝，沉船逐渐腐烂并被掩埋。波浪和水流拍打着船只，水中沉淀物附着在船里和船体四周。一些较脆弱的部件，如桅杆和绳索首先断开，接着上层甲板被波浪作用所侵蚀，最终一些厚重的船体结构也逐渐变得脆弱并被瓦解。水中沉淀物逐渐掩埋了船体剩下的部分。

你知道吗？

许多国家没有保护沉船的相关立法。这意味着寻宝者可以肆无忌惮地抢掠这些沉船遗物。他们对陆地上的考古遗址可不敢这样做。

提升装置

文物被放在托盘上，然后用充满空气的类似气球的袋子将其浮上水面。

水下发掘

水下考古学是一门相对较新的学科。考古学家对陆地上使用的发掘技术进行了改进，以适应水下特别复杂的环境。这门学科正不断取得新的进展。

沉没的木船　　　　　10年之后　　　　　50年之后　　　　　80年之后

潜水装备

潜水装备能让考古学家潜到遗址工作约一个小时。

水下摄像

考古学家使用水下摄像机拍摄照片，记录发掘的详细情况。

发掘方格网

在海底放置一个方格网，以帮助考古学家记录出土物的准确位置。

真空吸尘器

和陆地发掘用的小铲子不同，水下考古学家用一个抽气管将出土物上的附着物清理掉。

纳斯卡线条

传说：这些因秘鲁南部沙漠的黑石被清除而形成的线条和图案，被认为是外星人着陆的痕迹。

真相：纳斯卡人花了数百年的时间来绘制这些线条。当地的陶器上绘制着类似的图案。木质测量桩被用于设计线条。

复活节岛

传说：通过对秘鲁和复活节岛的石头遗迹进行对比，挪威考古学家托尔·海尔达尔（Thor Heyerdahl）认为该岛居民为印加人。

真相：通过对语言和文化特征的对比，以及对遗骨的DNA分析，考古学家确认复活节岛的居民是波利尼西亚人。

巨石阵

传说：坐落于英格兰南部的这些巨石被认为是前罗马时代德鲁伊教派修建的神庙遗址。他们在此举行宗教仪式，包括进行祭祀。

真相：考古发掘发现了一些不同历史阶段的建筑。最晚的建筑修建于公元前2000年，远早于德鲁伊教派。

土丘修建者

传说：这一坟墓和宗教式建筑位于北美洲中西部，传说由维京人修建。

真相：考古发掘表明，这一遗址修建于公元前1000~公元500年，由本地土著修建。

传说与真相

远古时代的遗址和文物充满了神秘的色彩，而有关过去的传说也有可能是臆测。人们提出了各种推测来解释为什么古人会做那些我们现在看来毫无意义的事。这些推测有的十分奇特——维京人修建了美洲中西部的土丘；有的令人震惊——巨石阵是用魔法修建的。考古学研究可以帮助我们增长知识，平息争议，并揭开这些神秘的面纱。

海底城市

传说：亚特兰蒂斯是一个发达的文明，在某岛屿火山突然爆发时，沉入海底而灭亡。

真相：在公元前约1550年，希腊的圣托里尼岛火山喷发。考古学家对该岛的一处遗址——阿克罗蒂里——进行发掘，发现了一个被火山灰掩埋的城市。

谁拥有过去？

自考古学创立以来，人们对历史以及文化遗产的态度已发生很大变化。考古学创立之初，文物通常被带到国外或被卖给收藏家。这已引起很大争议，例如希腊政府至今仍希望200年前被带走的帕特农神殿雕像能够回到希腊。但是，现在这些雕像仍在伦敦大英博物馆。如今，许多国家都立法保护其考古遗产。但是，遗址仍被盗掘，文物仍在黑市上被非法买卖。

丹铎神庙原址

这一沙石建成的神庙由罗马皇帝奥古斯都（Augustus）于公元15年建于埃及，供奉着当地神灵。

艺术博物馆中的丹铎神庙

1965年，为感谢美国为拯救埃及文物所做的贡献，埃及政府将这座神庙赠送给了美国。

**帕特农神殿
雕像原址**

2 000年后，
又有极少雕像仍保
留在希腊雅典的帕
特农神殿内。一些
雕像保存于2007年
建成的雅典卫城博
物馆（Acropolis
Museum）。

博物馆中的帕特农神庙雕像

1801年，埃尔金勋爵（Lord Elgin）带走了许多帕特农神庙的雕
像，这些雕像现存于伦敦大英博物馆，又名"埃尔金大理石雕"。

名胜古迹

过去 250 年中，考古学家对遗址进行了研究，并从这些遗址中发现了许多物品，如零散分布的石器，与世隔绝的人类化石、大型寺庙、坟墓以及城市建筑群。

从阐释人类历史的角度而言，小型遗址和大型遗址同样重要。但大型遗址更引人注目，每年有成千上万的旅行者慕名前来参观。许多遗址的研究工作目前仍在进行。对于已知事物，考古学家补充新的细节；对于新的发现，他们则要做出新的解释。

约旦佩特拉
这一古迹隐藏在沙漠峡谷之中，因其石窟墓穴著称于世。它由纳巴泰人于公元前100年左右修建

秘鲁马丘比丘
这一位于安第斯山之巅的印加城市修有梯田、坟墓、房屋和一个观察太阳的神庙。

北美洲

南美洲

罗马斗兽场

这一圆形露天竞技场建成于公元80年，用于角斗士表演、模拟海战以及其他娱乐活动。

名胜古迹

一些遗址已有数千年历史。它们是观察过去人类生活的窗口。

1 梅萨维德
2 特奥蒂瓦坎
3 奇琴伊察
4 马丘比丘
5 巨石阵
6 拉斯科
7 庞贝
8 帕特农神庙
9 罗马斗兽场
10 哈德良长城
11 卡纳克
12 吉萨金字塔
13 佩特拉
14 兵马俑
15 中国长城
16 吴哥窟

欧洲　　　　亚洲

非洲

澳大利亚

中国长城

长城修建于公元前221年至公元1644年间，用以抵御北方游牧民族的入侵。

英国哈德良长城

这个防御墙的大部分至今依然矗立，它由罗马人建造，始建于公元122年，并建有一些碉堡。

你记住了吗？

通过以下小测试，检测一下你通过阅读本书记住了多少知识。

1 生活于 318 万年前的埃塞俄比亚女性南方古猿叫什么名字？

2 玛丽·利基和她的团队在哪里发现了两组人类脚印？

3 公元前 448 年希腊人修建的敬奉雅典娜的神庙叫什么名字？

4 在丹麦沼泽地里发现的一具公元前 300 年的木乃伊叫什么名字？

5 修建于约公元前 210 年，布满了真人大小兵马俑的坟墓是为谁而建？

6 修建于公元 1150 年，位于柬埔寨，敬奉毗湿奴的是哪座神庙？

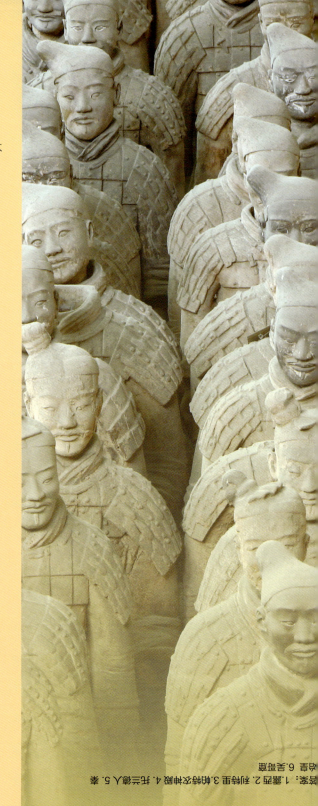

答案：1. 露西的 2. 莱托里 3. 帕特农神庙 4. 托兰德人 5. 秦始皇 6. 吴哥窟

知识拓展

饰品 (adornments)
　　用于装饰或引人注目的物品。

南方古猿 (australopithecine)
　　300万年前生活在非洲的一种直立行走的类人猿。

争议 (controversies)
　　对问题的不同意见或争论。

至关重要 (crucial)
　　极重要或有关键影响的。

敬献的 (dedicated)
　　为某特殊目的而专设的。

歪曲 (distorted)
　　对事实或真相进行篡改。

发掘 (excavate)
　　有计划地挖掘和发现。

集会广场 (forum)
　　古罗马的一个公共场所，用于人们集会。

遗产 (heritage)
　　从一个国家、家庭或区域的上一代传下来的东西。

人科动物 (hominid)
　　直立行走的灵长目动物，包括人类。

工具 (implements)
　　为完成一项工作而使用的器具或设备。

解释 (interpretations)
　　对某物或其背后的原因进行阐述。

埋葬 (interred)
　　放入坟墓中。

灵长目 (primates)
　　脑部发达，眼睛前视，手能抓握东西的一种大型哺乳动物群。灵长目包括人类、猩猩和猴子。

过程 (process)
　　为达成一个结果而逐步采取的一系列行动。

残留 (residue)
　　某物大部分消失后，遗留下来的部分。

陶片 (sherd)
　　一个用陶土烧制的陶罐的碎片。

专业技能 (speciality)
　　某人专注研究的一个工作领域或一项技能。

物种 (species)
　　一组具有许多共同特征的动物或植物。同一物种的动物可交配并繁衍后代。

探索·科学百科™

Discovery EDUCATION™

世界科普百科类图文书领域最高专业技术质量的代表作

小学《科学》课拓展阅读辅助教材

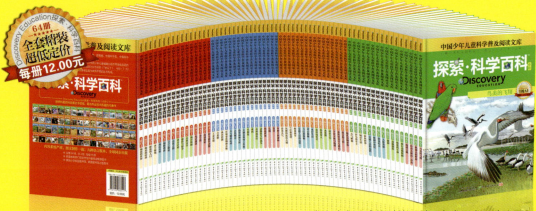

Discovery Education探索·科学百科（中阶）丛书，是7~12岁小读者适读的科普百科图文类图书，分为4级，每级16册，共64册。内容涵盖自然科学、社会科学、科学技术、人文历史等主题门类，每册为一个独立的内容主题。

Discovery Education
探索·科学百科（中阶）
1级套装（16册）
定价：192.00元

Discovery Education
探索·科学百科（中阶）
2级套装（16册）
定价：192.00元

Discovery Education
探索·科学百科（中阶）
3级套装（16册）
定价：192.00元

Discovery Education
探索·科学百科（中阶）
4级套装（16册）
定价：192.00元

Discovery Education
探索·科学百科（中阶）
1级 分级分卷套装（4册）（共4卷）
每卷套装定价：48.00元

Discovery Education
探索·科学百科（中阶）
2级 分级分卷套装（4册）（共4卷）
每卷套装定价：48.00元

Discovery Education
探索·科学百科（中阶）
3级 分级分卷套装（4册）（共4卷）
每卷套装定价：48.00元

Discovery Education
探索·科学百科（中阶）
4级 分级分卷套装（4册）（共4卷）
每卷套装定价：48.00元